Projektmanagement und Lektorat: Melanie Schöni
Herstellung und Satz: Susanne Hermann
Druck und Bindung: DZS, Grafik
Papier: Tauro Offset

MIX
Aus verantwortungsvollen Quellen
FSC® C112556

Verlagsgruppe Random House FSC® N001967
Printed in Slovenia

ISBN 978-3-7913-7402-4
www.prestel-junior.de

In den Straßen der Welt

Von UNTER DEN LINDEN bis zum BROADWAY

Frauke Berchtig ◆ Agustí Sousa

PRESTEL

München ◆ London ◆ New York

Unter den Linden

BERLIN | DEUTSCHLAND

Auf dieser Straße ritt früher der König von seinem Schloss am östlichen Ende der Straße zu seinem Jagdrevier, dem Tiergarten, am westlichen. Damals war Berlin noch eine sehr kleine Stadt und der Tiergarten lag schon außerhalb der Stadtmauer. Heute ist die Straße Unter den Linden eine der wichtigsten Verkehrsadern der 4-Millionen-Metropole. Viele Touristen spazieren unter den mehr als hundert Bäumen in Richtung Brandenburger Tor oder zum neu gebauten Schloss: Der König würde ganz schön staunen!

PUBLIC UNDERGROUND SUBWAY
15
BUS LANE

Regent Street

LONDON | GROSSBRITANNIEN

Diese Straße legt sich ordentlich in die Kurve! In ihrem mittleren Teil verläuft sie nämlich in einem Kreisbogen. Da fühlt es sich bei einer Busfahrt ein bisschen wie auf dem Karussell an. Auf der Regent Street fahren viele Busse, meist die berühmten roten Doppeldecker. Und auch Fußgänger sind unterwegs zu den Geschäften und Kaufhäusern: mehr als 7 Millionen. In einem Jahr! Benannt ist die Straße nach einem Prinz*regenten*, dem späteren König George IV. Sie wurde von 1811 bis 1825 gebaut und führt von seinem Schloss zu einem großen Park.

La Rambla

BARCELONA | SPANIEN

La Rambla ist die berühmteste Straße von Spanien. Jeder Besucher von Barcelona möchte einmal unter den riesigen, mehr als 150 Jahre alten Platanen spazieren gehen. Dabei ist es eigentlich gar nicht „eine“ Straße. Deshalb hört man den Namen manchmal auch in der Mehrzahl: Les Rambles. Jeder Abschnitt der mehr als einen Kilometer langen Promenade hat einen Namen, je nach dem, was die Straßenhändler dort verkaufen: Blumen oder Kunsthandwerk. Andere Teile erhielten ihren Namen nach den Straßenkünstlern, die dort auftreten, oder nach Gebäuden.

Prinsengracht

AMSTERDAM | NIEDERLANDE

Amsterdam liegt nah am Meer, deshalb gibt es viel Wasser in der Stadt. Das fließt in Kanälen, den Grachten. An den Ufern der Prinsengracht stehen schöne, alte Gebäude, in denen früher die reichen Kaufleute lebten. Auf dem Wasser liegen „schwimmende Wohnungen", die Hausboote. Im Haus Nr. 263 ist ein Museum untergebracht: das Anne-Frank-Haus. Anne Frank war ein jüdisches Mädchen, das sich mit seiner Familie in diesem Haus vor den Nazis versteckt hatte. In ihrem weltbekannten Tagebuch berichtet sie von dieser schlimmen Zeit.

Mykonos Chora

MYKONOS | GRIECHENLAND

Mykonos ist eine griechische Insel in der Ägäis. Der größte Ort auf der Insel heißt auch Mykonos. So einen Hauptort nennt man im Griechischen Chora. Die strahlend weißen Häuser mit ihren himmelblauen Fensterläden und Türen stehen eng beieinander. Die Gassen des Viertels sind so schmal, dass je nach Sonnenstand immer ein Teil der Straße in der Sonne, der andere Teil im Schatten liegt. Das ist praktisch, denn auf Mykonos kann es im Sommer sehr heiß werden. Für Autos ist in den verwinkelten Gässchen kein Platz. Da passen nur die wendigen kleinen Motorroller durch.

3
1
6

café
Brasserie

Rue des Abbesses

PARIS | FRANKREICH

Oh là là – hier liegt ein verführerischer Duft in der Luft! Sind es die knusprigen Croissants und der Kaffee auf dem kleinen Bistrotisch oder die frischen Blumen am Marktstand? Von allem etwas und vor allem ist es die Kunst, die hier ein ganz besonderes Flair verbreitet. Seit Mitte des 19. Jahrhunderts zieht das charmante Viertel Montmartre rund um die leuchtend weiße Kirche Sacré Cœur Maler aus aller Welt an. Hier lebten Künstler wie Pablo Picasso oder Vincent van Gogh. Manche Maler stellen ihre Staffeleien auf die Straße und die Touristen können ihnen über die Schulter schauen. Am Abend hat man vom Montmartre-Hügel den schönsten Blick über ganz Paris.

Rynok

LWIW | UKRAINE

Hoppla, das ist ja gar keine Straße! Eher ein runder Platz – der Marktplatz der Stadt Lwiw in der Ukraine. Dort heißt der Platz Rynok. Der Marktplatz ist meist der zentrale Punkt in der Mitte des Ortes, an dem sich alle wichtigen Straßen treffen. Deshalb passt er doch in unser Buch. Lwiw heißt auf Deutsch Lemberg und ist eine sehr alte Stadt. Rund um ihren Marktplatz finden sich Häuser aus vielen Epochen. Man kann auf dem Rynok 400 Jahre Baugeschichte auf einem Spaziergang erleben: Renaissance, Barock, Jugendstil.

Hatogaya

SHIRAKAWA | JAPAN

Kommst du mit auf eine Reise in die Vergangenheit? Die Häuser an dieser Straße in Shirakawa auf der japanischen Hauptinsel Honshū sehen noch genauso aus wie vor vielen Hundert Jahren. Auf ihren steilen Strohdächern kann sich der Schnee nicht ansammeln. Das ist wichtig, weil es in dieser abgelegenen Bergregion im Winter sehr oft schneit. In den unteren Etagen der Häuser lebten die Großfamilien, unter den Dächern wurden früher Seidenraupen gezüchtet.

おみやげ

Canal Grande

VENEDIG | ITALIEN

Das ist ja wohl die seltsamste Straße von allen! Es ist nämlich gar keine, sondern ein Kanal. Die Stadt Venedig ist einmalig in der Welt. Sie wurde nicht an Land erbaut, sondern im Meer. Um auf dem sumpfigen Grund überhaupt bauen zu können, mussten Millionen von Baumstämmen im Wasser der Adria versenkt werden. Auf denen stehen die prächtigen Paläste, Kirchen und Wohnhäuser „der schönsten Stadt der Welt". Die 118 Inseln, die Venedig bilden, sind durch über 400 Brücken miteinander verbunden. Statt Straßen gibt es Kanäle und statt Autos Boote. Die elegantesten von ihnen heißen Gondeln und sind vor allem bei den Touristen beliebt.

Lombard Street

SAN FRANCISCO | USA

Ist das eine Straße oder eine Achterbahn? Die Lombard Street verläuft im Zickzack über den Russian Hill, einen der 42 Hügel in San Francisco an der Westküste der USA. Sie wurde mit so vielen Windungen und Kurven angelegt, weil der Hügel zu steil für Autos ist. Sie würden sich auf direktem Weg nach unten überschlagen. Die Straße führt durch ein grünes Viertel mit vielen schönen Gärten. Für Fußgänger gibt es eine Treppe neben der Straße. Von dort genießen sie den Blick über die Stadt.

Calle 3

MEDELLÍN | KOLUMBIEN

Das Stadtviertel San Javier, in dem die Gasse Calle 3 liegt, hat ein Wunder erlebt. Noch vor zehn Jahren haben sich die Bewohner kaum auf die Straße getraut. Ständig gab es Kämpfe zwischen der Armee und kriminellen Drogenbanden. Heute spazieren Anwohner und Touristen durch saubere Straßen und gepflegte Parks. Auf einer riesigen Rolltreppe schwebt man mühelos zwischen den bunten Häusern hindurch bis in den weiter oben gelegenen Teil des Viertels.

Rua da Bica

LISSABON | PORTUGAL

In dieser Straße gibt es zwar keine Rolltreppe, aber mit der „Elevador“ genannten Standseilbahn kommt man auch bequem ans Ziel. Eine Standseilbahn sieht aus wie eine Straßenbahn, wird aber von einem Seilzugsystem angetrieben. Wer Lust hat, kann die 45 Meter Höhenunterschied auch zu Fuß überwinden. Der Weg vorbei an den schönen Häusern mit ihren prächtigen Türen und üppig grünen Balkons lohnt sich auf jeden Fall. Und das Foto nicht vergessen! Die Rua da Bica ist das beliebteste Motiv von Lissabon.

Hang Bac

HANOI | VIETNAM

Hang Bac bedeutet auf Deutsch: Straße der Silberwaren. Sie gehört zu den 36 Straßen in der Altstadt von Hanoi, die nach den Waren benannt worden sind, die man dort kaufen kann. Es gibt auch eine Straße der Leitern, eine Straße der Gewürze oder eine Straße der Schuhe. Früher konnte man die Silberwarenstraße auch mit den Ohren finden: Das Hämmern der Silberschmiede war weit zu hören. Heute wird es vom Knattern der Mopeds übertönt. Auf denen sind oft ganze Familien samt Haustieren unterwegs.

ATM

Calleja de las Flores

CÓRDOBA | SPANIEN

Diese malerische Gasse ist so schmal, dass eine Standseilbahn wie in Lissabon keinen Platz hätte. Und auch die Balkons sind zu klein für die vielen Blumentöpfe. Deshalb haben die Bewohner sie einfach an die Hauswände gehängt. Córdoba ist eine Stadt in Andalusien. Dort ist es die meiste Zeit des Jahres warm, und die Menschen feiern gern Feste im Freien. Bei vielen dieser Feste werden die Häuser und Innenhöfe reich mit Blumen geschmückt, so wie in der Calleja de las Flores, der „Blumengasse".

Rue de Bougouni

BAMAKO | MALI

Achtung, gut aufpassen! In diesem Gewimmel kann man leicht verloren gehen. Bamako ist die Hauptstadt von Mali, einem riesigen und besonders heißen Land in Westafrika. Hier spielt sich das Leben zum großen Teil auf der Straße ab. Auf der Rue de Bougouni haben viele, viele Händler ihre Stände aufgebaut und verkaufen fast alles, was du dir wünschen kannst: exotische Früchte, afrikanische Masken, Musikinstrumente, Kleider, Spielzeug oder Autoreifen.

SU
MO

Broadway

NEW YORK | USA

Kannst du dir vorstellen, dass diese prächtige Straße mit über 40 Theatern und gigantischen Leuchtreklamen ursprünglich ein Indianerpfad war? Bevor die ersten europäischen Siedler in der „Neuen Welt“ landeten, lebten die amerikanischen Ureinwohner schon seit einigen Hundert Jahren an diesem Platz. Aus dem Indianerdorf Mannahatta wurde die Mega-City New York und aus dem schmalen Pfad die längste Straße Manhattans: 25 km von Downtown an der Südspitze bis nach Harlem im Norden.

AC·DC
Kodak
SPECIAL EDITION
LEVI'S
BanK
SOUTHBOUND USE 7 AVE
tkts
BUS